UNIVERSITÉ IMPÉRIALE DE FRANCE. — ACADÉMIE DE RENNES

FACULTÉ DE DROIT

THÈSE POUR LA LICENCE

JUS ROMANUM............ De ritu nuptiarum.
DROIT FRANÇAIS........ Conditions requises pour le mariage, etc.

Cette Thèse sera soutenue le 20 Juillet 1867

PAR

ANDRÉ VIAUD GRAND-MARAIS

Né à Challans (Vendée), le 22 avril 1845.

EXAMINATEURS

MM. BODIN, doyen.   MM. THOMAS..... } agrégés.
      EON, professeur.   DELOYNES   }

RENNES

T, HAUVESPRE, IMPRIMEUR-LIBRAIRE

Rue Impériale, 4. — Maison à Paris.

—

1867

A LA MÉMOIRE DE MON PÈRE ET DE MA MÈRE

A MES FRÈRES, A MES SŒURS

A MES ONCLES, A MES TANTES

A MA FAMILLE

A TOUS CEUX QUE J'AIME

JUS ROMANUM

DE RITU NUPTIARUM

(Dig., Lib. XXIII, Tit. 2 ; Inst., Lib. 1, Tit. 10 ; Code, Lib. V, Tit. 4.)

Nuptiæ sic a Modestino definiuntur : « Conjunctio maris et fœminæ, et consortium omnis vitæ, divini et humani juris communicatio. »
Hæc definitio proprie pertinebat ad ea matrimonia quæ confarreatione
aut coemptione fiebant : quibus mulier in manum ac familiam viri
transibat, et eosdem Penates Deos sortiebatur. Justiniani autem tem-
poribus jam manus in desuetudinem abierat, et Dii Penates evanue-
rant. — Exstat altera definitio, recentioribus moribus magis accommo-
data (Inst., lib. 1, tit. 9) : « Nuptiæ, sive matrimonium est viri et mulieris conjunctio, individuam vitæ consuetudinem continens ; » quod
non significat nuptias dissolvi non posse, sed uxorem mariti conditionem capere : in concubinatu vero, qui conjunctio tantum est, suam
mulier conditionem retinet.

De ritu nuptiarum videbimus : 1° Quæ sit forma contrahendarum
nuptiarum ; 2° quæ sint necessaria, ut nuptiæ fiant justæ seu legitimæ.

PRIMA PARS

De forma contrahendarum nuptiarum.

Justæ nuptiæ contractus solemnis non sunt : et nec sponsalia, nec magistratus vel sacerdotis intercessio, nec instrumentum dotale, nec aliæ solemnitates requiruntur. Defloratio virginitatis et coïtus ipsi non sunt necessarii.

An ideo dicendum solo consensu matrimonium contrahi? Hoc dixerunt nonnulli juris romani interpretes : falsum autem mihi videtur. Sane quidem dicit Ulpianus (L. 30. D., 50, 17) : « Nuptias non concubitus sed consensus facit ; » sed ex hoc fragmento illud mihi apparet, solo concubitu nuptias fieri non posse, nisi interveniat consensus, et ex diverso easdem etiam sine concubitu fieri posse ; quippe quem sensum manifesto idem Ulpianus, alio loco testatur (L. 15, D., 35, 1) : « Cui fuerit sub hac conditione legatum, *si in familia nupsisset*, videtur impleta conditio statim atque ducta est uxor, quamvis nondum in cubiculum mariti venerit. Nuptias enim non concubitus sed consensus facit. » Quamobrem ut nuptiæ contrahantur non solo consensu opus esse, sed etiam in domum mariti mulierem deductam fuisse, vel deduci posse oportere dico ; quod vero ad deductionem attinet, nihil interest effectiva sit an fictiva, dummodo contrahentium voluntas constet, et deductio, quo momento consentiant, fieri possit. Et equidem ut mea probetur sententia, multas leges adhibebo.

Etenim, primo, scribit Paulus (Lib. 2, Tit. 19, 8, *Sent.*) : «Vir absens uxorem ducere potest : fœmina absens nubere non potest. » Nam si mulier absens est, in mariti domum deduci non potest : potest autem, si absens maritus : ergo non sufficit solus consensus. — Item Pomponius (L. 5, D., loc. cit.) : « Mulierem absenti per litteras, vel per nuntium posse nubere placet, si in domum ejus *deduceretur ;* eam vero quæ abesset, ex litteris vel nuntio suo duci a marito non posse.

Deductione enim opus esse in mariti, non in uxoris domum : quasi in domicilium matrimonii. » Deductio igitur, non solum ad probationem, ut dictum est, sed ut valeant nuptiæ necessaria est.

Secundo idem Paulus ait (L. 2, t. 20, *Sent.*) : « Ab uxore concubina solo dilectu separatur » ; concubinatus autem quum non solo consensu, sed etiam deductione facta existimetur, eamdem deductionem et in nuptiis necessariam esse arbitrandum est.

Super hæc haud dubium est nuptias dissolvi si maritus ab hostibus captus sit, ut apparet Digestis, e Tryphonini et Pomponii scriptis (L. 12, § 4. D., 49, 15. — L. 14, § 1. D., 23, 2), Unde colligitur matrimonium solo consensu non conservari : si ergo consensu non conservatur, quo modo hoc solo possit incipere !

Attamen observandum est fieri posse ut, sine ulla deductione, dummodo volentem volens maritus acceperit, nuptiæ valeant. Dicit enim Scævola (L. 66 pr., D., 24, 1) : « Seia Sempronio quum certa die nuptura esset, antequam domum deduceretur, tabulæque dotis signarentur, donavit tot aureos : quæro an ea donatio rata sit? Non attinuisse tempus, an, antequam domum deduceretur, donatio facta esset, aut tabularum consignatarum, quæ plerumque et post contractum matrimonium fierent. in quærendo exprimi : itaque nisi ante matrimonium contractum, quod *consensu intelligitur,* donatio facta esset, non valere. » Quin ergo impediat quin maritus, nondum paratam, nec satis divite cultu instructam domum habens, in uxoris domo nuptias instauret, atque ibi vel diebus, vel mensibus plurimis apud socerum cum conjuge vivat?

Observandum est etiam fieri posse ut tantum post certum tempus ex deductione lapsum nuptiæ incipiant : nam Scævola (L. 66, § 1. D., 24, 1) : « Virgini in hortos deductæ ante diem tertium quam ibi nuptiæ fierent, quum in separata diæta ab eo esset, die nuptiarum, priusquam ad eum transiret, et priusquam aqua et igni acciperetur (id est, nuptiæ celebrentur), obtulit decem aureos dono ; quæsitum est, post nuptias contractas divortio facto, an summa donata repeti possit? Respondit, id quod ante nuptias proponeretur, non posse de dote deduci. »

Quum vero, ut vidimus, solo dilectu nuptiæ a concubinatu sepa-
rentur, difficile erit an matrimonium sit vel concubinatus videre.
Idcirco, nisi probatio adsit, ex qualite personarum matrimonium exis-
timari lex præcepit. Inspiciendum erit an mulier sit inferioris condi-
tionis, vel libertinæ, vel inhonestæ : tum certum erit concubinatum
esse : sin contra, justas nuptias. Adhibentur autem ad probationem
sive testes, sive instrumenta dotalia *(consortium consensu atque ami-
corum fide; — vicinis vel aliis scientibus);* quæ quidem Justinianus
illustribus viris, uxorem ducere volentibus, nisi in ecclesiis nuptias de-
clarare mallent, imposuit : sed eosdem deinde, Novella 117, quum
legitimos liberos etiam sine dotalibus instrumentis conceptos declaret,
ea lege liberasse videtur.

SECUNDA PARS

Quæ sint necessaria ut nuptiæ fiant justæ.

Ut nuptiæ fiant justæ seu legitimæ tres conditiones requirantur,
consensus, pubertas, et jus connubii.

CAPUT I

DE CONSENSU

Nuptiæ consistere non possunt, nisi consentiant omnes, id est, qui
coeunt, quorumque in potestate sunt (L. 2, D., hoc tit.). »

§ 1. — *De consensu nubentium.*

Sine consensu nubentium matrimonium non est, quia nuptiæ sunt
contractus, et in omni contractu consensus contrahentium necessarius
est ; et ideo, qui furiosus, vel demens, vel ebrius est, nuptias contra-

here non potest. « Furor contrahi matrimonium non sinit, dicit Paulus, quia consensu opus est : sed recte contractum non impedit. » — Nihil refert alieni sit an sui juris : nam Terentius Clemens ait (L. 21 , D., hoc. tit.) : « Non cogitur filiusfamilias uxorem ducere. » Attamen fieri potest ut filius, voluntate patris coactus, consentiat ; non est perfectus consensus ; valet tamen matrimonium, ut ait Celsus : « Si patre cogente ducit uxorem, quam non duceret si sui arbitrii esset, contraxit tamen matrimonium ; quod inter invitos non contrahitur : maluisse hoc videtur. » Malle est ve'le.

Item Marcianus scribit : « Invitam libertam uxorem ducere patronus non potest. « Videtur jus antiquum contra tulisse ; nam Ulpianus refert : « Quod et Ateius Capito consulatu suo fertur decrevisse : hoc tamen ita conservandum est, nisi patronus ideo eam manumisit, ut uxorem ducat. » Serva enim, libertatem accipiens, matrimonio consensum adhibuit. — Sed fingamus servam, post manumissionem, nolle patrono nubere : eam cogere non potest ; sed quæ pœna erit ? Scribit Licinnius Rufinus (L. 51, D., hoc. tit.) : « Matrimonii causa ancilla manumissa a nullo alio uxor duci potest, quam a quo manumissa est, nisi patronus matrimonio renuntiaverit. Si autem filiusfamilias, matrimonii causa, jussu patris ancillam manumiserit, Julianus putat, perinde eam haberi, atque si a patre ejus manumissa esset ; et ideo potest pater eam uxorem ducere. » — Sed poteritne eam in servitutem patronus revocavere ? Poterit, ut nobis videtur ; imo post sextum mensem ipso jure serva erit ; nam statu libera erat ; sub conditione manumissa fuerat. Si impossibile fit matrimonium, si furit, vel moritur patronus, liberta remanet. — Hic dicendum est libertinam, patrono nuptam, eum repudiare non posse ut alii nubat.

Consensum excludit, matrimoniumque vitiat error essentialis, v. g., circa personam, putans Titiam esse, cum qua contraho, quum sit Seia : aut circa necessariam qualitatem, velut circa potentiam generandi : secus si versetur circa accidentilia tantum, putans divitem esse quæ est pauper, nobilem quæ est plebeia.

§ 2. — *De consensu parentum.*

Necesse est ut filius vel filiafamilias consensum habeant eorum quorum in potestate sunt: « Nam hoc, inquit Justinianus, fieri debere et civilis et naturalis ratio suadet, in tantum ut jussus parentis præcedere debeat. » Quod tamen de naturali ratione dicit Justinianus minime verum est; nullo modo naturalis ratio hic inspicitur, quum nunquam matris, et ne patris quidem, si filius emancipatus, consensus requiratur.

Jure communi, qui quæve sui juris est, liber est qui matrimonium contrahat; sed constitutione cautum est (L. 18 et 20. C. hoc tit.) ut fœminis et etiam viduis, intra quintum et vicesimum annum degentibus, opus esset ad nubendum patris consensu, vel, si mortuus sit, matris et propinquorum; si vero, utroque orba parente, sub curatoris defensione fuerit constituta et de eligendo marito incerta sit, judici deliberare permissum est cui melius adulta societur.

Illius autem consensus requiritur cujus in potestate est qui matrimonium vult contrahere : « Si igitur, ait Paulus (L. 3, D., hoc tit.), nepotem ex folio et neptem ex alio filio in potestate habeam, nuptias inter eos, me solo auctore, contrahi posse Pomponius scribit, et verum est. » — Sed quid dicendum, si filius vel filia in potestate avi sit, adhuc vivente patre? Distinctione utamur : si filius, consentire debent et pater et avus; si filia solus avus. Nam regula est ut *nemini invito heres suus agnascatur;* quum morietur avus, in potestate patris, erunt et filius et qui ab eo nascentur liberi, id est, *heredes sui;* sin autem de filia agatur, liberi ejus nunquam in potestate avi materni, nunquam huic heredes sui erunt. Quod ita exprimit Paulus : « Nepote uxorem ducente, et filius consentire debet; neptis vero si nubat, voluntas et auctoritas avi sufficiet. » (L. 16, § 1, D., hoc tit.)

Consensus determinatus esse debet : quod ex Papinianeo fragmento (L. 34, D., hoc tit.) vidimus : « Generali mandato quærendi mariti filiæfamilias non fieri nuptias, rationis est. Itaque personam ejus patri demonstrari, qui matrimonio consenserit, ut nuptiæ contrahantur, necesse est. » — Quæritur autem an consensus tacite dari possit. Dicunt si filia, posse; si autem filius, non posse; nam liberi heredes sui consentienti nascentur. Sed quanquam ea distinctione usi sunt veteres, illam a recentioribus auctoribus derelictam putamus, quum præsertim hoc supersit Alexandri rescriptum (L. 5, C., hoc tit.) : « Si, ut proponis, pater quondam mariti tui, in cujus fuit potestate, cognitis nuptiis vestris non contradixit, vereri non debes, ne nepotem suum non agnoscat.»

Attamen fieri potest ut nuptiæ recte contrahantur, etsi vir aut uxor consensum eorum quorum in potestate sunt, non obtinuerint : ita :

« 1° Qui liberos injuria prohibent ducere uxorem vel nubere, vel qui dotem dare non volunt, ex constitutione divorum Severi et Antonini, per proconsules præsidesque provinciarum coguntur in matrimonium collocare et dotare (L. 19, D., hoc. tit.). » Nam consensus patris requiritur, ut sit in ejus arbitrio cui liberi ipsius nubant, non vero ut sit in ejus arbitrio ne omnino nubant. — « Prohibere autem videtur qui conditionem non quærit. »

2° Si pater furiosus est veteres sine consensu filiam nubere permittebant ; sed de filio disputabatur. Hoc tantum certum fuissse ex Ulpiani fragmento vidimus : « Si nepos uxorem velit ducere avo furente, omnimodo patris auctoritas est necessaria : sed si pater furit, avus sapiat, sufficit avi voluntas.» Justinianus tandem permisit filium uxorem ducere sine patris interventu, secundum modum filiabus datum, id est ante præfectum urbis, præsides provinciarum, vel episcopos, præsentibus curatore patris et propinquis. — Jamjam autem Marcus-Aurelius idem de mente capti filio statuerat.

3° Si ab hostibus pater captus est (vel abest ita ignoretur ubi sit et an sit), non potest illius consensus exigi : nam dari non potest a captivo vel absenti. Pluribus Digestorum legibus consequi videtur ut oporteat patrem triennio apud hostes esse absentemve remanere : sed plerique merito putant hanc conditionem a Digestorum auctoribus adjectam fuisse : ut mihi videtur ex hoc Juliani scripto (L. 11, D., hoc. tit.) in quo

2

hujusmodi conditio nullo modo refertur : « Si filius ejus qui apud hostes est, vel absit, ante triennium captivitatis vel absentiæ patris uxorem duxit ; vel si filia nupserit ; puto recte matrimonium vel nuptias contrahi, dummodo eam filius ducat uxorem, vel filia tali nubat, cujus conditionem certum sit patrem non repudiaturum. »

Jussus parentum nuptias præcedere debet, scilicet non legitimæ fiunt nuptiæ nisi quo tempore interveniat consensus : idcirco si dissentiat pater, tum justæ fiunt nuptiæ, quum, mortuo patre, filius sui juris factus est. Attamen quidam contendunt auctores consensum quidem necessarium esse, sed nuptias, quanquam sine parentum consensu fuerint contractæ, nihilominus justas esse, et hanc Pauli vocem proponunt : (L. 2, t. 19, § 2, *Sent.*) : « Eorum qui in potestate sunt, sine voluntate ejus jure non contrahuntur, sed contracta non solvuntur. » Igitur, aiunt, consensus omissio prohibet matrimonium, sed contractum non dirimit : quod quidem sine dubio falsum est : nam tale impedimentum apud Romanos intelligi non potest, quum apud eos nulla sit nuptiarum celebratio ; cæterum sine patris consensu non est matrimonium : itaque ex illa voce Pauli manifeste apparere mihi videtur, matrimonium jure contractum, solo volente patre, solvi non posse : alio enim loco (L. 5, t. 6, § 7, *Sent.*) dicit idem Paulus : « Bene concordans matrimonium separari a patre Divus Pius prohibuit. »

CAPUT II

DE PUBERTATE.

« Justas nuptias inter se cives contrahunt masculi quidem puberes, fœminæ viripotentes. » Romani, ut contrahentes præcipuam finem nuptiarum possint assequi, matrimonium tantum permisserunt ea ætate quæ apta esse creditur ad generandum, masculis post annum decimum quartum, puellis biennio maturius, propterea quod fœmina, crescit et adulta efficitur antequam masculus. — Primo quoque tempore mulieribus ætas pubertatis certa erat : diu autem incerta hominibus. Secundum enim jus priscum puber erat qui togam virilem in Liberaliis induerat, quod arbitrio patris ex habitu corporis differri vel properari poterat. Post extinctam rem publicam tres disputabantur de pubertate opiniones : sic loquitur Ulpianus : « Puberem Cassiani eum dicunt qui habitu corporis pubes apparet, id est, qui generare possit ; Proculeiani eum qui xiv annos explevit ; Priscus eum in quem utrumque concurrit et habitus corporis et numerus annorum. » Proculeianam sententiam secutus est Justinianus : « Nostra majestas, ait, dignum esse castitate nostrorum temporum bene putavit, quod in fœminis et antiquis impudicum esse visum est, id est inspectionem habitudinis corporis, hoc etiam in masculos extendere. Et ideo pubertatem in masculis post xiv annum completum illico initium accipere disposuimus. »

Si masculus non sit puber vel fœmina viripotens non valet matrimonium : sed convalescit quum ætatem nuptialem compleverint. « Minorem annis duodecim nuptam, inquit Pomponius, tunc legitimam uxorem fore, quum apud maritam explesset xii annos. »

Castratus uxorem ducere non potest, quia consensus qui nuptias facit tacite votum prolis continere debet. « Si spadoni, inquit Ulpianus, mulier nupserit, distinguendum arbitror, si castratus fuerit necne, ut in castrato dicas dotem non esse, ni eo qui castratus non est, quia et matrimonium, et dos, et actio dotis est. » (D., 23, 3, 39.)

CAPUT III

DE CONNUBIO.

Ait Ulpianus : « Connubium est uxoris jure ducendæ facultas. » Connubium igitur non est aliarum conditionum summa, sed distincta conditio. Multa connubio sunt impedimenta, alia absoluta quæ omnino nuptias defendunt, alia relativa quæ cum quibusdam personis nuptias prohibent.

§ 1. — *Absoluta impedimenta.*

Absoluta impedimenta sunt : polyandra vel polygamia, et vitium civitatis.

Polygamia. — Simulatæ nuptiæ nullius momenti sunt; nec plures uxores, nec simul uxorem et concubinam habere licet. Imo, quamvis captivate alterutrius conjugis nuptiæ non durent, tamen qui in civitate mansit, alias interim nuptias contrahere non potest, donec certum est maritum vivere in captivitate; si autem incertum est an vivus apud hostes teneatur, vel mortuus sit, tunc si quinquennium a tempore captivitatis excesserit, licentiam habet mulier ad alias migrare nuptias.

Vitium civitatis. — Connubium habent cives Romani cum civibus Romanis : non autem cum servis : nec cum Latinis et peregrinis, nisi ita concessum sit. « Promisi tibi filiam in matrimonio : postea perigrinus apparuisti : non est mihi cum externo connubium. » (*Seneca*, L. 4 de benef.) — Nuptias inter cives et barbaros sub pœna mortis Valens et Valentinus prohibuerunt : eadem est Justiniani tempore prohibitio : sed putant non jam mortis pœna sanciri.

Connubium quondam populus lege singulari concedebat; sublata republica, hoc concessit imperator, præsertim veteranis quibusdam, ut quætuosas nuptias copulent, « cum his Latinis peregrinisve, quas primas post missionem duxerint. » (Gaius, 1, 5). — Si ex justa erroris causa civis nupsisset ei personæ cum qua jus connubii non haberet, venia justo errori dabatur. (Ulp., *Reg.*, 7, 4.)

§ 2. — *Relativa impedimenta.*

Jure civili multa sunt relativa impedimenta : cognatio, affinitas, publica honestas, dignitas, religio, crimen, etc.

Cognatio. — Cognatione junguntur qui alter ex altero vel eodem homine orti sunt : cognatio igitur est stricto sensu, sanguinis vinculum : ita inter matrem et liberos. Primo casu cognatio est recta, vel ex recto gradu; secundo, transversa vel ex transverso gradu.—Ab agnatione sæpe cognatio non decernitur : agnatione junguntur qui in unius viri potestate vel sunt, vel fuerunt, vel esse potuerunt. Igitur cognati esse possunt, qui agnati non sunt, sicut mater et liberi. Eo sequitur ut esse possit agnatio ubi nullum sit sanguinis vinculum, sicut inter adoptivos liberos. Sed receptum est ut, ubi sit agnatio, ibi consequenter sit et cognatio. « Cognationem facit etiam adoptio : etenim quibus fiet agnatus hic qui adoptatus est, eisdem etiam cognatus fiet. » Illam tamen inter dua ista cognationis genera differentia, ut, primo casu, si cesset agnatio, remaneat tamen cognatio; secundo autem pereat cum agnatione cognatio.

1° *Recta linea* cognatio infinite impedit nuptias; et hoc matrimonium non solum legibus, sed etiam naturæ repudiat. Atavia non magis nubere possit adnepoti quam mater filio. — Idem est, etsi adoptiva cognatio emancipatione tollatur; ita filia vel neptis adoptiva, a patre vel avo etiam post emancipationem uxor duci non potest, quanquam nullum cognationis vinculum maneat : sed, ut dixit Paulus, « in contrahendis matrimoniis naturale jus et pudor inspiciendus. » — Igitur serviles quoque cognationes in hoc jure observandæ sunt : ideoque matrem suam manumissus non ducet uxorem. Quinimo idem et de cognationibus vulgo quæsitis dicendum arbitramur.

2° *Transverso gradu* est quædam similis observatio, sed non tanta : tunc enim nuptiæ non prohibentur, nisi alter e conjugibus ab auctore communi uno tantum gradu distet; sic inter fratrem et sororem prohibitæ sunt nuptiæ, sive ex eodem patre eademque matre, sive ex alterutro eorum nati sint; quod si per adoptionem civile vinculum agnationis esse cœperit, adoptionem, donec remaneat, justas nuptias impedire constat : qua vero cessante, nihil est impedimento nuptiis : unde sequitur ut, si quis generum velit adoptare, debeat ante filiam emancipare; si nurum, emancipare filium; nec mirum : nam, sin aliter, eveniret ut duo conjuges fraterno vinculo jungerentur. — Si adoptio facta sit, nec pater emancipaverit ut supra dictum est, adoptio quidem remanet, sed nuptiæ perimuntur.

Item nuptiæ prohibentur cum amita vel matertera, cum avunculo vel

patruo, qui parentum loco habentur : tale equidem fuit priscum jus ;
nec dispar Justinianeum : sed Claudius, quum vellet Agrippinam, fratris sui Germanici filiam, uxorem ducere, constitutione declaravit connubium fore cum fratris filia (non cum sororis filia) : sed Constantinus
ad antiquum jus rediit quod servatum est.

Ejus mulieris quam pater tuus adoptavit filiam uxorem ducere potes :
nam illa filia non in familia ejus qui matrem adoptavit, sed in patris
familia est. — Quid dicam de filia ejus viri quem meus pater adoptavit ?
Si adrogatio est, connubium non est : nam illa cum patre in familiam
meam venit. Si adoptio, connubium non est, quum adoptionis tempore
nondum concepta, in familia mea nata est.

Quid autem juris de consobrinis? « Duorum fratrum vel sororum
liberi, vel fratris et sororis jungi possunt. » Quæ nuptiæ jure Pandec-
tarum permissæ, ab imperatoribus Christianis sæpe prohibitæ sunt : sed
eas permisere Arcadius et Honorius : quod jus et Justinianus secutus est.

Affinitas. — Affinitas est necessitudo cognationi similis et finitima,
quæ nuptiis contrahitur inter unum e conjugibus et alterius conjugis
cognatos. Haud dubium, quin nuptiarum prohibitio, affinitatis ratione,
duntaxat incidit post solutionem matrimonii, per quod talis affinitas
quæsita est : si adhuc illud matrimonium constat, novæ nuptiæ esse non
possunt.

1° *Recta linea* prohibitæ sunt in infinitum nuptiæ : etenim « eam
quæ nobis quondam socius, aut privigna, aut noverca fuit, ducere non
possumus. » (G., 1, 63.)

2° *Transverso gradu* nullum quondam impedimentum nuptiis po-
situm fuerat. Sed Constantinus et Constantius nuptias prohibuerunt inter
virum et fratris viduam, inter mulierem et sororis mortuæ maritum :
quod rursus a Valentino, Theodosio et Arcadio dictum est.

Comprivigni, id est, mariti filius ex alia uxore, et uxoris filia ex alio
marito, vel contra, matrimonium recte contrahunt ; quippe qui, « licet
habeant fratrem sororemve ex matrimonio postea contracto natos »,
neque cognati sint neque affines.

Cæterum quum « semper in conjunctionibus non solum quid liceat considerandum sit, sed et quid honestum sit », quod de servili et naturali cognatione, idem et de servili et naturali affinitate dicam.

Publica honestas. — Publica honestas est ratio civilis, quæ nuptias prohibet propter memoriam pristinæ aut proximæ necessitudinis : ut inter me et filiam uxoris quondam meæ, post divortio ex alio matrimonio natam, inter me et sponsam filii mei vel patris, inter vitricum et privigni viduam, inter novercam et privignæ maritum.

Dignitas. — Dignitas est ratio civilis, quæ nuptias impedit inter eos inter quos inæqualis conditio eas consistere non patitur.

Ex lege XII Tabularum inter patres et plebeios nuptiæ prohibebantur; quod a lege Canuleio ablatum est. Sed remansit inter libertos et ingenuos impedimentum : nam senatus, *per favorem* libertæ Hispalæ Fescenniæ permisit ingenuo nubere. Quod quoque lege Julia et Papia Poppæa ablatum est; sed prohibitum est senatoribus cum libertis matrimonium. « Cæteri autem ingenui, ait Ulpianus, prohibentur ducere palam corpore quæstum facientem, lenam, a lenone lenave manumissam, et in adulterio deprehensam, et judicio publico damnatam, et quæ ludicram artem fecerit. Adjicit Mauricianus : et a senatu damnatam. »

Quod si contra hæc præcepta nuptiæ fuissent, in principium videtur nuptias valere, sed quibusdam juribus conjuges destitui. Postea tamen, oratione Divi Marci cautum est ut, si filia senatoris libertino nupsisset, non essent nuptiæ; cæterum, per indulgentiam Principis hoc impedimentum removi poterat, et postremo, nulla dignitas, dummodo dotalia instrumenta fuerint confecta, cum liberta nuptias contrahi prohibuit. Item olim, nec senator, nec senatoris filius neposve eam quæ ipsa cujusve mater aut pater artem ludicram faciebat vel fecerat, uxorem ducere poterat; sed Justinianus, Theodoræ amore captus, quæ scenicis ludis se immiscuerat, cum tali muliere, dotalibus instrumentis confectis, omnibus connubium esse decrevit (L. 23, C., hoc tit.).

Potestas. — Potestas est ratio civilis, quæ nuptias impedit inter eos qui potestatis obtentu possunt eas conciliare, ut : 1° inter tutorem et pupillam ; 2° inter præsidem provinciæ et mulierem provincialem.

1° Ex senatus consulto M. Aurelii, tutor curatorve, tutoris aut curatoris filius, et libertus pupillam minorem xxvi annis uxorem ducere non potest, nisi a patre desponsa, vel destinata, vel testamento nominata fuerit. Nam xxv anno finis erat tutelæ, et pupillæ anni tempus competebat, ut restitui possit adversus rationes tutelæ ipsi redditas. — Quod de omnibus qui rationes reddere debent dicendum est.

Quærunt qui tutoris curatorisve liberi senatusconsulto contineantur; et putant nepotem, et naturalem filium, licet in adoptionem datum, et adoptivum, durante tantum adoptione, contineri : non autem filium in servitute susceptum. Item si tutor mortuus sit : remanet filio prohibitio, licet patri non succedat.

Non solvitur matrimonium si, post contractum mariti pater mulieri curator datus sit. Sed quid dicam si tutor pupillæ maritum vel patrem ejus adoptet? videtur adoptio non valere.

Cessat vero senatusconsultum, ut ait Tryphoninus, si tutor avus est puellæ, quia « par affectionis causa suspicionem fraudis amovet. »

2° Qui officium in aliqua provincia administrat, ejusve filius mulierem inde oriundam vel ibi domicilium habentem uxorem ducere non potest, quia mulier ob potentiæ metum sæpe cogitur : cæterum periculum est ne præses, contracto cum potentiore familia matrimonio, affinitatis ejus auxilio tyrannidem in provincia adfectaret. — Eamdem tamen sponsare potest : imo cessat prohibitio ei qui in sua provincia militat; item cessat, si ante cœptum officium mulier sponsa fuerit, atque etiam post depositum officium, si in eadem voluntate conjuges perseverarint.

Religio. — Prohibentur nuptiæ ob religionis respectum inter Christianum et Judæam, et vice versa : non autem inter christianos et hereticos. — Clericis omnino matrimonium prohibetur.

Crimen. — Ob crimen nuptiæ prohibentur inter raptorem et raptam mulierem, inter fœminam adulterio damnatam et concubinum.

DROIT FRANÇAIS

Des Qualités et Conditions requises pour pouvoir contracter mariage, des Formalités, etc., et des Oppositions

(C.-N., art. 144-180.)

CHAPITRE I

Des Qualités et conditions requises pour pouvoir contracter mariage

Le mariage est un contrat solennel par lequel s'unissent deux personnes de sexe différent, dans le but de perpétuer leur espèce et de mettre en commun leurs destinées. Son origine remonte à la création du monde. « Il n'est pas bon que l'homme soit seul, » se dit Dieu, après avoir créé Adam : et il lui donna une compagne pour partager sa solitude et vivre avec lui de la vie de l'amour. — Source des familles, qui font la grandeur et la sûreté des Etats, cette union a été de tout temps l'objet de la sollicitude du législateur. Sous nos anciens rois, elle n'avait pas sa validité complète avant de recevoir de l'Eglise le sceau du sacrement; maintenant que la Révolution a proclamé la liberté de conscience, le mariage est un contrat purement civil, indépendant, quant à sa formation, de la bénédiction nuptiale, abandonnée à la foi et aux croyances religieuses des parties : et, d'après la Constitution de 1791 et le Code, il n'y a d'empêchements au mariage que ceux établis par la loi civile.

3

Ces empêchements sont absolus ou relatifs : absolus, quand ils s'opposent au mariage entre toutes personnes, par exemple le défaut d'âge ; relatifs, quand ils s'opposent au mariage entre certaines personnes seulement, par exemple la parenté.

Une division plus pratique range tous les empêchements dans deux classes : 1° les empêchements dirimants dont la violation entraîne la nullité du mariage : *hæc facienda vetant connubia, facta retractant ;* 2° les empêchements prohibitifs, qui s'opposent à la célébration du mariage, sans entraîner sa nullité, lorsqu'en fait on a passé outre : leur sanction consiste dans certaines peines prononcées contre les époux et l'officier de l'état civil qui n'en ont point tenu compte.

SECTION I

DES EMPÊCHEMENTS DIRIMANTS.

Ils sont au nombre de cinq : 1° défaut de puberté ; 2° existence d'un premier mariage ; 3° absence du consentement des époux ; 4° absence du consentement des ascendants ; 5° parenté et alliance au degré prohibé.

§ 1er. — *Du défaut de puberté.*

La reproduction de l'espèce humaine, la perpétuité de notre race est la fin principale du mariage ; or, ce serait la compromettre gravement que de confier le soin de procréer à des êtres à peine sortis de la débilité de l'enfance. L'âge où l'adolescent acquiert la puissance d'engendrer varie suivant le pays, la constitution, la nourriture, les vices de l'éducation ; et il est impossible de le préciser d'une manière générale. Notre ancienne jurisprudence, copiée sur le droit de Justinien, avait fixé la puberté civile à douze ans pour les filles et à quinze ans pour les garçons ; mais cette époque, en harmonie avec la température chaude de l'Italie, sous l'influence de laquelle les forces physiques prennent un rapide dé-

veloppement, ne convenait pas au climat plus doux de la France : la loi
du 20 septembre 1792 la recula d'un an ; enfin, le Code décida (art. 144)
que les femmes seraient nubiles après leur quinzième année révolue, et
les hommes pubères après leur dix-huitième année également accompli.
— Néanmoins, il est loisible au Chef de l'Etat (art. 145) d'accorder des
dispenses pour des motifs graves, dans le cas surtout où la puberté naturelle devancerait la puberté civile.

La faiblesse de l'impubère n'est pas la seule cause qui a poussé les
auteurs du Code à reculer le moment du mariage. Ce contrat lie la vie
entière ; et dans la première jeunesse on n'est point apte à apprécier
l'étendue de l'engagement que l'on va prendre. Il fallait tenir compte de
la maturité de la raison, tout aussi bien que des dispositions naturelles :
les devoirs vont grandir et se multiplier avec le mariage.

A Rome, l'extrême vieillesse était aussi, d'après la loi Papia Poppæa,
un empêchement au mariage. Le Code russe est la seule des législations
modernes qui ait imité cette disposition , et en France l'union conjugale
est permise jusqu'à l'âge le plus avancé : la loi n'a pas voulu que les
infirmités de la vieillesse fussent un obstacle légal au mariage ; car la
procréation des enfants n'est pas l'unique but de ce contrat. Cette consi-
dération explique pourquoi notre droit n'a pas prohibé les mariages *in
extremis :* le mourant veut peut-être ainsi réparer une faute, et donner
le rang d'enfants légitimes à des enfants naturels.

§ 2. — *De l'existence d'un premier mariage.*

« On ne peut pas contracter un second mariage avant la dissolution
du premier (art. 147), » l'amour conjugal étant un amour exclusif, qui
ne permet pas d'autre amour. Ce principe était jadis reconnu à Rome et
dans la Grèce : et si Dieu permit la bigamie aux patriarches de la Judée,
c'est qu'ils avaient une grande fin à remplir, celle de créer son peuple.

Notre Code pénal (art. 340) prononce contre le bigame la peine des
travaux forcés à temps, à moins qu'il ne prouve une bonne foi qui le
rende excusable. La loi française ne fait même pas exception en faveur

des sectateurs d'un culte qui admet la polygamie : cette prohibition se rattache au principe absolu de la séparation de la loi civile et de la loi religieuse, séparation que l'on peut quelquefois regretter, mais qui reçoit dans ce cas une heureuse application, puisque notre loi civile corrige l'immoralité dangereuse de plusieurs cultes dont elle reconnaît cependant l'existence. Il est donc nécessaire que celui qui convole en secondes noces présente l'acte de décès de son premier conjoint : et la femme d'un absent, tant qu'il y a incertitude sur le sort de son époux, ne doit pas se remarier. L'officier de l'état civil qui a sciemment célébré un semblable mariage encourt lui aussi la peine des travaux forcés.

Un second mariage sera valable, si le premier n'est pas dissous, mais annulé : car alors il n'y a pas eu réellement de premier mariage. Mais c'est un grave sujet de controverse que le point de savoir si la femme étrangère, valablement divorcée conformément aux lois de son pays, peut venir se remarier en France. La jurisprudence, qui a rarement eu à s'expliquer sur cette question, semble décider que le statut personnel de l'étranger est en cette matière trop contraire à la morale et à l'ordre public pour être respecté en France, et elle fait ici exception au principe presque absolu qui régit l'étranger en France par son statut personnel.

§ 3. — *De l'absence du consentement des époux.*

Le mariage, étant un contrat, ne peut se former que par le concours des volontés de l'une et l'autre partie : *duorum in idem placitum consensus.* Il faut de plus que ce consentement soit libre et éclairé : cependant il importe de distinguer avec soin le défaut absolu de consentement des vices du consentement. L'existence d'un vice de consentement n'est point essentiellement un empêchement au mariage : mais elle peut servir de base à une action en nullité de la part du conjoint, dont le consentement a été vicié : il est permis du reste d'effacer le vice par une ratification postérieure.

Il y a défaut absolu de consentement non seulement lorsque ce consentement est supposé par fraude dans un acte public (crime puni par nos lois); mais encore quand les parties sont incapables de faire connaître leurs volontés : tel est le cas des sourds-muets et des personnes privées de raison. Remarquons toutefois :

1° Que l'incapacité des sourds-muets cesse, lorsqu'ils peuvent prouver par des signes extérieurs qu'ils comprennent la gravité de l'acte qu'ils contractent. Grâce aux procédés de l'abbé de l'Epée, dont nous ne saurions trop bénir la mémoire, on parvient parfois à développer jusqu'au plus haut degré chez les sourds-muets les qualités intellectuelles et morales;

2° Que le mariage contracté par une personne habituellement en état de démence ou de fureur sera valable s'il a été célébré pendant un intervalle lucide, et si cette personne n'est point interdite. — Mais que résoudre relativement au mariage contracté par l'interdit pendant un intervalle lucide? Suivant nous, il est essentiellement nul, et les tribunaux n'auront point à rechercher si, au moment de la célébration, l'interdit jouissait de la plénitude de ses facultés. « L'interdiction, dit M. Marcadé, a précisément pour but d'éviter ces questions de fait : ce n'est rien autre chose que la présomption légale d'une folie, qui commence avec le jugement d'interdiction et ne cesse qu'avec lui. Aucune preuve contraire n'est admise contre cette présomption de la loi. » L'art. 502 déclare formellement que tous les actes passés par l'interdit postérieurement au jugement d'interdiction sont nuls de droit.

Le consentement qui fait le mariage doit être exprimé au moment de la célébration, et devant l'officier de l'état civil : jusqu'à ce moment solennel, il n'y a pas mariage; et, si avancées que soient les choses, les futurs époux sont toujours respectivement libres de se départir de leur projet : car promesse de mariage n'oblige pas au mariage. Toutefois, si le mariage avait fait concevoir à l'une des parties des espérances exagérées, ou si elle avait éprouvé un préjudice dans ses biens ou sa personne, tout le monde admet qu'elle pourrait, en ce cas, réclamer de l'autre partie des dommages-intérêts, non pas en vertu de la promesse, mais en se fondant sur les principes généraux de l'art. 1382 du Code Napoléon : « Tout fait quelconque de l'homme qui cause à autrui un dommage, oblige celui par la faute duquel il est arrivé à le réparer. »

§ 4. — *De l'absence du consentement des ascendants.*

Le fils à partir de dix-huit ans, et la fille à partir de quinze ans, ont la capacité de se marier ; mais ils ne peuvent user de cette faculté qu'à condition de demander le consentement de certaines personnes. La loi n'a pas voulu, dans le premier âge des passions, abandonner les jeunes gens à eux-mêmes, et elle leur a donné un guide pour les diriger dans l'acte le plus important de leur vie. La majorité du droit commun a été reculée ici jusqu'à vingt-cinq ans, au moins en ce qui regarde les garçons. Quant aux femmes, on n'a pas cru devoir déroger à la majorité ordinaire, telle qu'elle est contenue dans l'art. 488, et en conséquence elles peuvent se marier, malgré l'opposition de leurs parents, dès qu'elles ont atteint leur vingt-unième année. Cette différence d'âge établie entre les deux sexes vient de ce que le développement de la raison est géné- ralement plus précoce chez les jeunes filles, et que leur jeunesse est quelquefois pour elles la cause d'établissements avantageux. « Une fille qui languirait péniblement dans une trop longue absence perdrait une partie de ses charmes, et souvent même se trouverait exposée à des dangers qui pourraient compromettre sa vertu » (Portalis). Du reste, le fils tient davantage à ses ascendants que la fille, qui échangera son nom de famille contre un nom étranger, et puis le rôle du mari est bien plus important que celui de l'épouse.

C'est au père et à la mère que la loi attribue le pouvoir de consentir au mariage. Ce pouvoir n'a pas pour base, comme à Rome, un prétendu droit de propriété, et notre législation n'a eu en vue que l'intérêt de l'enfant et l'honneur des familles. — L'avis du père prévaudrait en cas de dissentiment : mais il est nécessaire de constater que la mère a été au moins consultée. L'officier de l'état civil qui procéderait à la célébration du mariage sans vérifier si la mère a été ou non consultée, encourrait les peines prononcées par les art. 156 du C. Nap., et 193 du C. pénal, alors même que la mère n'aurait pas usé du droit incontestable d'opposition qui lui appartient. Les remontrances de la mère décideront peut-être son fils et son mari à renoncer à une union peu convenable. Cependant, le mariage serait valable, alors même que la mère n'aurait pas été appelée à donner son consentement.

Si le père ou la mère est mort ou dans l'impossibilité de manifester sa volonté, « le consentement de l'autre suffit » (art. 149) ; de l'autre... quel qu'il soit ; de la mère aussi bien que du père ; de l'autre remarié ou non, tuteur ou non de l'enfant qui veut contracter mariage.

Régulièrement, le décès doit être prouvé par la représentation de l'acte de l'état civil ; mais si le survivant déclarait ignorer le lieu du décès de son conjoint, cette attestation suffirait-elle ? Nous ne le pensons pas ; il serait plus naturel de considérer alors le père ou la mère comme présumé absent, d'appliquer par analogie l'art. 155, et de dresser un acte de notoriété, conformément à cet article. Jamais, du reste, il ne faudra confondre l'éloignement, quelque préjudiciable qu'il soit, avec l'absence. — Quant à l'impossibilité où se trouve le père ou la mère de manifester sa volonté, elle sera suffisamment prouvée par la représentation du jugement qui aura déclaré l'absence ou prononcé l'interdiction ; si le père est simplement présumé absent, et que l'enfant ait besoin pour se marier du consentement de ses ascendants, il suffira d'obtenir le consentement de la mère (art. 149) ; seulement il faudra se conformer aux prescriptions de l'art. 155 *in fine*.—Si le père, sans être interdit, était, conformément à la loi de 1838, placé dans une maison d'aliénés, on pourrait, nous le croyons avec de nombreux auteurs, se contenter d'un certificat des administrateurs constatant son admission, sans recourir à la pénible procédure de l'interdiction ; mais si, étant en état d'imbécillité, de démence ou de fureur, il n'a été ni interdit, ni régulièrement déposé dans une maison d'aliénés, il faudrait de toute nécessité recourir à l'interdiction, ou au moins le faire régulièrement entrer, par application de la loi de 1838, dans une maison d'aliénés. — Les condamnations judiciaires entraînant interdiction légale, constituent une autre impossibilité qui doit être prouvée par un extrait du jugement ou un certificat de l'autorité.

Si le père et la mère sont tous deux morts ou dans l'impossibilité de manifester leur volonté, leur pouvoir passe aux aïeuls et aïeules : ajoutons, quoique la loi ne le dise pas expressément : et à défaut d'aïeuls et d'aïeules aux bisaïeuls et bisaïeules : *lex statuit de eo quod plerumque fit.* Les ascendants prouveront le décès des père et mère par la représentation des actes de décès ; à défaut de ces actes, leur propre attestation suffirait (avis du Conseil d'Etat du 4 thermidor an XIII.) Les aïeuls de l'une et de l'autre ligne sont appelés à donner leur consentement au mariage de leur descendant. Remarquons toutefois que dans la même ligne l'ascendant le plus proche, quelque soit son sexe, exclut le plus éloigné, et qu'entre ascendants du même degré la prépondérance du sexe est admise. Mais s'il s'agit de régler le concours des deux lignes, les règles sont différentes : la prépondérance du degré, admise entre ascendants de la même ligne, n'a pas lieu d'une ligne à l'autre : un aïeul paternel n'exclut pas un bisaïeul maternel. La prépondérance du sexe est également écartée : si l'aïeule maternelle consent, le mariage est possible, alors même que l'aïeul paternel s'y oppose. Du reste, en cas de dissentiment entre les deux lignes, la faveur du mariage l'emporte ; le partage, dit le Code, emportera consentement.

Si tous les ascendants sont morts ou dans l'impossibilité de manifester leur volonté, la majorité du fils reste celle du droit commun, la majorité de vingt-un ans. S'il est mineur, il ne peut se marier qu'après avoir obtenu le consentement de son conseil de famille : néanmoins la décision du conseil de famille n'est pas souveraine ; elle peut être réformée par les tribunaux, dans le cas où le conseil de famille n'aurait pas été unanime ; il faut en effet appliquer ici les principes de l'art. 883 du Code de procédure civile.

Le consentement au mariage par les ascendants ou le conseil de famille doit être donné, soit verbalement au moment de la célébration, soit auparavant par un acte notarié que les parties remettent à l'officier de l'état civil : seulement il doit, dans cette dernière hypothèse, persévérer jusqu'au moment de la célébration. Il faut de plus que l'acte notarié désigne *individuellement* la personne que le fils a dessein d'épouser : nos législateurs en exigeant le consentement des ascendants, ont voulu que leur expérience pût profiter à l'enfant, le diriger et l'éclairer : or, cette mission n'est pas remplie lorsque l'ascendant laisse son descendant complétement libre dans le choix d'une épouse. — En cas de décès ou d'interdiction de l'ascendant qui a consenti au mariage projeté, l'enfant est tenu d'obtenir le consentement exprès de ceux que la loi appelle à son défaut.

Le Code impose à l'officier de l'état civil l'obligation de s'assurer de l'existence des consentements nécessaires à la validité du mariage et d'en faire mention dans l'acte de célébration : s'il manque à ce devoir, il est passible d'une amende de 16 à 300 francs, et d'un emprisonnement de six mois à un an : toutefois dans le second cas, l'amende pourra être moindre de 16 francs.

Règles spéciales aux enfants naturels. — Les règles que nous venons d'exposer sont en général appliquables aux enfants naturels : remarquons néanmoins que ces enfants ne tenant qu'à leur père et à leur mère n'ont point d'ascendants. En cas de mort de leur père et mère, ces enfants doivent jusqu'à vingt-cinq ans demander le consentement d'un tuteur *ad hoc* qui leur sera nommé, suivant M. Ducaurroy, par le tribunal, et suivant l'opinion générale, par un conseil composé conformément à l'art. 409 *in fine*. Il est bien entendu du reste que le tuteur ordinaire, s'il en existe, pourra être nommé tuteur *ad hoc*.

§ 5. — *De la parenté et alliance au degré prohibé.*

I. — DE LA PARENTÉ.

Elle est légitime, naturelle ou purement civile (l'adoption.)

1° Parenté *légitime*. — La prohibition est absolue dans la ligne directe : ainsi pas de mariage possible entre un ascendant et son descendant à quelque degré que ce soit. Un tel inceste ferait horreur !

La prohibition n'est plus aussi étendue en ligne collatérale : le mariage est prohibé seulement : 1° entre le frère et la sœur. Les unions

4

entre consanguins ont les conséquences les plus funestes au point de vue de la propagation de l'espèce : d'ailleurs « l'espérance du mariage entre deux êtres qui vivent sous le même toit, et qui sont déjà invités par tant de motifs à se rapprocher et à s'unir, aurait pu allumer des désirs criminels et entraîner des désordres qui auraient souillé la maison paternelle » (M. Portalis) ; — 2° entre l'oncle et la nièce, la tante et le neveu. Le mariage n'est pas permis entre eux, parce que souvent l'oncle et la tante, dans leurs rapports avec leurs nièces et neveux tiennent la place du père et de la mère, *loco parentum sunt.* Un décret impérial du 7 mai 1808 a étendu la prohibition au grand-oncle à l'égard de la petite-nièce. En dehors de ces cas, la parenté n'est plus un obstacle au mariage ; et un cousin a le droit d'épouser sa cousine. L'art. 164 permet même d'obtenir des dispenses pour les mariages entre oncle et nièce, tante et neveu.

2° Parenté *naturelle.* — En ligne directe, la loi ne fait pas de distinction entre la parenté légitime et la parenté naturelle ; le mariage est donc prohibé à l'infini. Il n'en est point de même en ligne collatérale. Les frères et sœurs naturels sont assimilés aux frères et sœurs légitimes ; mais cette assimilation n'existe pas pour les oncles et nièces, tantes et neveux naturels ; on peut épouser soit la fille naturelle de sa sœur légitime, soit la fille légitime de sa sœur naturelle.

Mais ici se présente une difficulté : la parenté naturelle ne fait-elle obstacle au mariage qu'au cas où elle a été légalement établie par une reconnaissance authentique et volontaire, ou par un jugement ? Nous pensons que la parenté naturelle non légalement établie n'existe pas aux yeux de la loi, et par cela même ne peut faire obstacle au mariage. Le Code a organisé pour constater la parenté naturelle un mode spécial de preuves sans lequel ce fait est réputé inexistant : cela peut sans doute entraîner des mariages scandaleux, mais la preuve de la parenté naturelle, par toutes sortes de moyens, eut offert encore plus de dangers : sous de simples soupçons on aurait bouleversé les familles, jeté l'opprobre et le déshonneur sur les personnes les plus recommandables.

3° Parenté *venant de l'adoption.* — L'art. 348 du Code Napoléon prohibe le mariage entre l'adoptant, l'adopté et ses descendants ; entre les enfants adoptifs du même individu ; entre l'adopté et les enfants qui peuvent survenir à l'adoptant ; enfin entre l'adoptant et le conjoint de l'adopté, et réciproquement entre l'adopté et le conjoint de l'adoptant. Mais cet empêchement est généralement rangé dans la classe des empêchements prohibitifs, conformément au principe qu'il n'y a de nullités, en matière de mariage, que celles qui sont établies par un texte formel et positif.

II. — DE L'ALLIANCE.

En ligne directe, de même que la parenté, l'alliance est un empêchement, à quelque dégré que ce soit.

En ligne collatérale, de même que la parenté naturelle, l'alliance n'empêche le mariage qu'entre alliés au degré de frères et sœurs, mais non pas au dégré d'oncle et nièce, de tante et neveu. La loi du 16 avril 1832 autorise même le Chef de l'Etat à accorder, pour motifs graves, des dispenses entre beau-frère et belle-sœur.

Devons-nous appliquer les règles précédentes au cas de concubinage? Le commerce illicite de deux personnes non mariées forme-t-il une alliance naturelle entre l'une d'elles et les parents de l'autre? Pothier voyait là une sorte d'affinité ou d'alliance dont il bornait l'effet au second dégré en ligne collatérale ; mais cette décision ne nous paraît plus possible sous l'empire du Code ; l'alliance proprement dite ne se forme que par le mariage : *affinitatis causa fit ex nuptiis ;* donc le commerce illicite, même légalement prouvé, ne saurait créer un empêchement de cette nature, puisqu'il n'en résulte ni alliance ni alliés.

L'alliance n'est un obstacle au mariage qu'après le décès de l'un des conjoints, et alors même qu'il ne resterait pas d'enfants de leur union. C'est sur le respect d'une ancienne alliance, plutôt que sur l'alliance elle-même, qui est rompue par la mort des époux, que se fonde cet empêchement : pendant le mariage, il serait complétement inutile et ferait double emploi avec l'art. 147, qui défend la bigamie.

SECTION II.

DES EMPÊCHEMENTS PROHIBITIFS.

Les empêchements prohibitifs sont au nombre de quatre; ce sont :
1° le défaut d'actes respectueux, 2° l'omission des publications,
3° l'existence d'une opposition, 4° l'inobservation des dix mois de
viduité pour la femme.

§ 1. — *Des actes respectueux.*

Le fils qui a vingt-cinq ans accomplis, la fille qui a vingt-un ans
révolus sont libres de leur destinée : leur volonté suffit pour la validité
de leur mariage : ils n'ont besoin, à cet égard, du concours d'aucun
autre consentement. Toutefois l'enfant, à tout âge, doit honneur et
respect à ses ascendants; or il manquerait à ce devoir, s'il accom-
plissait, sans préalablemet prendre au moins leur *conseil*, l'acte qui
doit leur donner une postérité. Cette nécessité de consulter ses ascendants avant de contracter mariage, est du reste utile à l'enfant
lui-même; elle appelle son attention sur l'importance de l'acte qu'il
va faire ; les délais qu'elle entraîne, lui donnent le temps de réfléchir
avec maturité, et par suite le moyen de se soustraire aux influences
mauvaises qui le dominent.

Les ascendants auxquels il faut adresser des actes respectueux sont
ceux qui seraient appelés à donner leur consentement si l'enfant était
mineur quant au mariage. — En cas d'absence du dernier ascendant
auquel, s'il eût été présent, eût dû être fait l'acte respectueux, il sera
passé outre à la célébration du mariage, sans qu'il soit besoin d'actes
respectueux, à la charge seulement par l'enfant de justifier de l'absence
de cet ascendant suivant les formes indiquées dans l'art. 155.

De vingt-cinq à trente ans pour les fils, et de vingt-un à vingt-cinq
ans pour les filles, trois actes respectueux sont nécessaires. Le Code

exige qu'ils soient fait de mois en mois : un mois après le troisième, l'enfant peut passer outre au mariage. A trente ans pour les fils, vingt-cinq ans pour les filles, un seul acte suffit : un mois après, on peut célébrer le mariage.

L'acte doit être respectueux, c'est-à-dire conçu en termes convenables et honnêtes, et de plus formel, c'est-à-dire ne laisser place à aucune ambiguïté ; il est notifié à la personne des ascendants, et à défaut, à leur domicile, par deux notaires ou par un notaire assisté de deux témoins : la loi exclut ici le ministère des huissiers parce que leur intervention a un caractère blessant qui s'accommoderait mal avec la nature d'un acte de déférence : les notaires au contraire sont les conseils ordinaires des familles et les dépositaires de leurs secrets. — La présence de l'enfant n'est pas exigée pour la validité de l'acte : elle serait même quelquefois dangereuse, en ce qu'elle pourrait augmenter l'irritation de l'ascendant. Le procès-verbal devra faire mention de la réponse de l'ascendant auquel est notifié l'acte respectueux.

L'officier de l'état civil qui célébrerait un mariage sans exiger la représentation des actes respectueux dans les cas où ils sont prescrits, serait passible d'une amende de 16 à 300 francs, et d'un emprisonnement de un mois à un an ; mais il ne serait pas punissable si les actes respectueux avaient été réellement notifiés, et qu'il eut seulement négligé de les mentionner dans l'acte de célébration.

§ 2. — De l'omission des publications.

L'omission des deux publications qui doivent précéder la célébration constitue un empêchement prohibitif ; car tant qu'elles n'ont pas été faites, il est défendu à l'officier de l'état civil de célébrer le mariage. Mais cet empêchement n'est que prohibitif, et, si l'on a passé outre, le mariage est valable, pourvu toutefois qu'il ait été célébré publiquement, les publications constituant seulement un des éléments de la publicité.

§ 3. — De l'existence d'une opposition.

Le mariage célébré malgré l'existence d'une opposition n'est pas annulable, s'il réunit d'ailleurs toutes les conditions nécessaires à sa validité; ce n'est là qu'un empêchement prohibitif dont la sanction consiste dans une amende prononcée contre l'officier de l'état civil (art. 68).

§ 4. — De l'inobservation des dix mois de viduité.

A Rome, il n'était permis à la veuve de se remarier qu'un an après le décès de son mari, *propter turbationem sanguinis :* dans le droit canonique on n'observait aucun laps de temps : les rédacteurs du Code ont adopté, en la modifiant un peu, la règle romaine ; désormais, « la femme ne peut contracter un nouveau mariage qu'après dix mois révolus depuis la dissolution du premier » (art. 228). Cette disposition est plutôt dictée par un motif de convenance que par la crainte de la confusion de part, puisqu'elle est applicable même dans le cas où la femme est accouchée peu de temps après la mort de son mari. L'officier de l'état civil qui aurait célébré un mariage contrairement à cette règle, serait puni d'une amende de 16 à 300 fr.; mais le mariage ne serait pas, par ce fait seul, entaché de nullité : la Cour de cassation ayant décidé, par arrêt du 29 juin 1811, que le délai de viduité n'était qu'un empêchement prohibitif.

APPENDICE.

Les empêchements dirimants et prohibitifs que nous venons d'énumérer ne sont pas, suivant nous, les seuls qui existent : on en compte encore plusieurs autres, dont l'effet est d'empêcher le mariage de se former, ou quelquefois de frapper les époux de certaines déchéances. Ainsi :

1° Le mariage contracté par un militaire, quel que soit son grade, sans le consentement de ses supérieurs, entraîne la destitution du coupable et la perte des pensions qu'il a pu mériter : de plus l'officier de l'état civil qui a fait le mariage peut être aussi destitué.

2° D'après les art. 295 et 298 sur le divorce, le mariage était défendu entre les deux époux divorcés, et entre l'époux coupable d'adultère et son complice, lorsque le divorce avait été prononcé pour cause d'adultère. La loi du 16 mai 1816 a aboli le divorce : mais comme elle ne l'a aboli que pour l'avenir, les incapacités résultant des divorces préexistants subsistent encore aujourd'hui.

3° Quelques auteurs prétendent que l'impuissance, toutes les fois qu'elle est extérieure et manifeste, toutes les fois que les organes sexuels sont dans un état tel qu'ils rendent la génération impossible, est un empêchement au mariage. L'opinion contraire me paraît préférable, parce que la procréation n'est pas la fin essentielle de ce contrat ; il y a quelque chose de plus, c'est l'amour conjugal, que le R.-P. Hyacinthe appelle si poétiquement « la dernière fleur, la fleur la plus exquise, la plus brillante et la plus embaumée du paradis du cœur, le dernier fruit, le plus riche et le plus savoureux de cette grande faculté d'aimer, la plus vaste, la plus profonde, la plus inépuisable que nous portions en nous.» — Cependant, si l'un des époux a ignoré l'impuissance de l'autre, il peut intenter une demande en nullité de mariage, basée sur l'*erreur sur la personne*.

4° Suivant Marcadé, l'engagement dans les ordres sacrés est un empêchement dirimant au mariage ; suivant Aubry et Rau, ce n'est qu'un empêchement prohibitif. Quant à nous, nous croyons, avec MM. Valette et Demolombe, que ce n'est point un empêchement. Nous en avons la preuve dans les travaux préparatoires du Code. « Vous ne trouverez plus dans la loi nouvelle, disait M. Gillet aux membres du Tribunat, aucun de ces empêchements opposés par des barrières purement *spirituelles* ; non qu'elles ne puissent s'élever encore dans le domaine respecté des consciences, mais elles ont dû disparaître dans le domaine de la loi, dirigée par des vues d'un autre ordre. » Et Portalis, dans son rapport au Gouvernement, disait expressément que « la prêtrise n'est point un empêchement au mariage. » Le Concordat n'a point modifié cet état de choses et n'a point rétabli la prohibition de notre ancien droit. Plus tard, dans un intérêt d'ordre public, des circulaires ministérielles défendirent aux officiers de l'état civil de procéder au mariage d'un prêtre ; mais ce ne sont que de simples circulaires, incapables de modifier la loi. Sans doute, il eût été préférable de voir notre législation enlever aux ministres du culte catholique la faculté de se marier ; mais n'oublions pas que la religion catholique n'est point actuellement reconnue en France comme religion de l'Etat, mais seulement comme religion autorisée, et les prérogatives que le Gouvernement accorde aux prêtres ne sont pas exclusives au culte catholique.

CHAPITRE II

Des formalités relatives à la célébration du mariage.

Le mariage étant un contrat solennel est soumis à certaines formalités destinées à le rendre public. On les divises en trois catégories : 1° celles qui précèdent la célébration ; 2° celles qui l'accompagnent ; 3° celles qui la suivent.

SECTION I.

FORMALITÉS ANTÉRIEURES AU MARIAGE.

Les formalités antérieures au mariage sont les publications, et la remise de certaines pièces à l'officier de l'état civil.

Publications. — Les publications ne sont autre chose que l'annonce publique du mariage projeté par les parties. Régulièrement, elles devraient être faites verbalement, le dimanche, par le maire ou l'adjoint, devant la maison commune, sur la réquisition et du consentement mutuel des époux : c'est ce qui a lieu en Belgique et dans presque tous les pays étrangers où le Code est resté en vigueur. En France, on s'est affranchi dans la pratique de l'annonce verbale.

L'officier de l'état civil dresse un acte contenant : 1° les noms, prénoms, professions et domiciles des futurs époux ; 2° leur qualité de majeurs ou de mineurs ; 3° les noms, prénoms, professions et domiciles de leurs pères et mères ; 4° les jours, lieux et heures où les publications ont été faites. Cet acte est inscrit sur un registre tenu simple, mais coté et paraphé, et déposé à la fin de chaque année au greffe du tribunal de première instance de l'arrondissement.

Un extrait de l'acte de publication reste affiché à la porte de la mairie ou maison commune pendant un certain temps ; et c'est dans cette affiche que consistent en réalité les publications. La loi en exige deux, à huit jours d'intervalle : en fait il n'y en a qu'une, car l'affiche n'est pas renouvelée ; de plus l'intervalle se réduit à six jours francs, puisqu'il se calcule d'un dimanche à l'autre.

Le mariage ne peut être célébré immédiatement après la seconde publication : il faut laisser aux oppositions le temps de se produire. Le délai est de trois jours, ou plutôt de deux jours francs, le mariage pouvant être célébré le troisième jour. Ce délai est de rigueur ; et les parties qui pour des motifs graves obtiennent du procureur impérial la dispense de la seconde publication ne peuvent se marier que trois jours après la première.

S'il s'est écoulé un an depuis le jour où le mariage est possible, les publications doivent être renouvelées ; les tiers ont pu croire que le projet de mariage était abandonné : peut être même de nouveaux empêchements sont-ils survenus.

La loi exige que les publications soient faites dans toutes les communes où le mariage peut-être célébré, et, en outre, dans les communes où sont domiciliées les personnes sous la puissance desquelles les futurs époux, ou l'un d'eux, se trouvent encore relativement au mariage (art. 168) ; si donc le futur époux était mineur et sans ascendant, il serait nécessaire de faire des publications tant dans la commune du domicile du tuteur

5

que dans celle où siége le conseil de famille sous la puissance duquel le mineur se trouve placé quant au mariage (art. 160).

Remise des pièces à l'officier de l'état civil. — Afin de s'assurer si toutes les conditions requises pour que le mariage projeté puisse avoir lieu ont été remplies, l'officier de l'état civil doit se faire remettre d'avance :

1° L'acte de naissance des futurs époux, ou, en cas d'impossibilité, un acte de notoriété délivré sur l'attestation de sept témoins, par le juge de paix du lieu de la naissance ou du domicile du futur époux, et homologué par le tribunal de première instance ;

2° L'acte de consentement des ascendants quand ils n'assistent pas en personne à la célébration, ou celui des parents, ou les procès-verbaux des actes respectueux ;

3° Une expédition authentique des dispenses d'âge, de parenté ou d'alliance, s'il en a été accordé ;

4° Lorsque l'un des époux a été marié, l'acte de décès de son premier conjoint ;

5° Les certificats délivrés par les officiers de l'état civil des différentes communes où le projet de mariage a dû être publié, et constatant d'une part que les publications ont été faites, d'autre part qu'il n'y a pas eu d'opposition ;

6° La main-levée des oppositions qui ont été formées ;

7° Un certificat constatant que le futur a satisfait à la loi du recrutement : ce certificat est inutile après l'âge de trente ans ;

8° Un certificat délivré par le notaire devant lequel les époux ont fait leur contrat de mariage, et contenant la date du contrat et les noms et qualités des futurs époux. (Loi du 10 juillet 1850.)

SECTION II.

FORMALITÉS QUI ACCOMPAGNENT LE MARIAGE.

Une question préalable et qui domine toute cette matière, est celle de savoir où le mariage peut être célébré : il peut l'être sans aucun doute au domicile de l'une ou de l'autre des parties : remarquons cependant qu'il existe pour le mariage un domicile spécial, différent du domicile ordinaire, et que l'on acquiert par la résidence prolongée pendant six mois dans une commune, alors même qu'on n'aurait pas l'intention de s'y fixer (art. 74).

Supposons une résidence de plus de six mois dans une commune autre que celle du domicile réel, où le mariage sera-t-il célébré ? Devra-t-il l'être au domicile réel ou au domicile établi par les six mois de résidence ? ou bien pourra-t-il l'être au choix des parties à l'un de ces deux domiciles ? La question est vivement controversée, à cause des dispositions prétendues contradictoires de la loi dans les art. 74 et 165. Selon nous, l'art. 165 ne corrobore ni ne contredit l'art. 74 : il se réfère au droit commun, et établit la faculté de se marier au domicile ordinaire, c'est-à-dire au domicile réel, qu'il y ait eu ou non résidence de six mois [dans] la commune de ce domicile. Mais à côté de cette règle, qui est de droit commun, se place la règle de l'art. 74, qui introduit, quant au mariage et afin de le faciliter, un domicile de faveur ; cette faveur, évidemment, ne peut point faire perdre le bénéfice acquis en vertu du droit commun. Prétendre qu'il faut avoir résidé au moins six mois au lieu où l'on a son domicile réel, pour pouvoir y contracter mariage, c'est créer dans certaines hypothèses, rares sans doute, mais cependant réalisables, une impossibilité momentanée de se marier : ce qui est inadmissible.

L'officier de l'état civil qui procède à la célébration du mariage doit être celui de la commune où les parties se marient : en d'autres termes, sa compétence est essentiellement territoriale. Il faut reconnaître que, dans certains cas, cette rigueur de la loi pourra amener de fâcheux résultats, en empêchant un mariage *in extremis*. Aussi quelques jurisconsultes ont-ils essayé de soutenir l'opinion contraire, qui serait préférable, si elle n'était pas complétement détruite par le texte formel de l'art. 74.

En outre, il est indispensable que le mariage soit célébré dans la maison commune, publiquement, c'est-à-dire les portes ouvertes, afin que le public puisse assister à cette cérémonie, qui intéresse au plus haut point la société ; néanmoins, dans des circonstances graves, par exemple pour un mariage *in extremis*, l'officier de l'état civil pourra, et même devra célébrer le mariage dans la maison d'un des futurs conjoints, pourvu que pendant ce temps la maison reste ouverte.

La présence de quatre témoins, parents ou non, est nécessaire ; mais faut-il que les parties comparaissent en personne ? Cette question ne paraît plus en être une aujourd'hui ; presque tous les auteurs et la jurisprudence s'accordent pour exiger la présence personnelle des parties : lecture sera faite... aux parties, dit l'art. 75, c'est-à-dire aux contractants eux-mêmes.

L'officier de l'état civil donne aux parties, en présence des témoins, lecture :

1° Des pièces qui lui ont été remises ;

2° Du chapitre VI du titre du mariage, où la loi règle les droits et devoirs respectifs des époux, après quoi il les interpelle, demandant au futur s'il consent à prendre pour femme celle qui est présente et qu'il désigne par ses nom et prénoms ; à la future, si elle consent à prendre pour mari l'homme qui est à ses côtés, et dont il indique également les nom et prénoms ; chacune des parties répond séparément à la question qui lui est faite ; sur leur déclaration affirmative, l'officier de l'état civil prononce, au nom de la loi, qu'elles sont unies par le mariage ; dès ce moment, la célébration est parfaite, le mariage est contracté d'une manière indissoluble, alors même que l'une des parties refuserait de signer l'acte que l'officier de l'état civil doit dresser aussitôt après la célébration. Cette solennité de l'interrogatoire, dont la forme semble calquée snr la stipulation romaine, a évidemment pour but de rappeler avec la dernière précision aux futurs conjoints l'importance de l'engagement qu'ils vont prendre.

SECTION III

FORMALITÉS POSTÉRIEURES AU MARIAGE

Ces formalités ne sont relatives qu'aux mariages contractés à l'étranger.

Le Français qui se marie à l'étranger reste, quant à son état et à sa capacité, régi par la loi française ; mais pour les formes du contrat, à moins que les conjoints ne soient tous deux Français et ne se marient devant nos agents diplomatiques, elles sont soumises à la règle *locus regit actum*. Toutefois, le Français qui se marie à l'étranger doit, préalablement à son mariage, faire en France toutes les publications qu'il devrait y faire s'il s'y mariait. Quelle est la sanction de cette obligation ? Le silence de la loi a fait naître une vive controverse. A notre avis, le défaut de publications ne rend pas le mariage nul de plein droit, mais annulable pour cause de clandestinité, les publications étant souvent le seul élément de la publicité de ce mariage en France. C'est là une question de fait abandonnée à la sagesse des magistrats : ils pourront annuler le mariage si réellement il a été tenu secret ; mais il n'y aurait aucune raison d'user d'une pareille rigueur si ce contrat avait en France reçu une publicité suffisante ; bien entendu, il faut que la publicité soit antérieure à la célébration du mariage, puisqu'elle a pour but de permettre en temps utile les oppositions.

« Dans les trois mois après le retour du Français sur le territoire du royaume, l'acte de célébration du mariage contracté en pays étranger sera transcrit sur le registre public des mariages du lieu de son domicile » (art. 171). Cet article établit une publicité postérieure au mariage, publicité fort utile et fort importante. Grâce à elle, tout le monde lève facilement des copies de l'acte de mariage, tandis qu'à l'étranger on ne se les procure qu'au prix de bien des lenteurs et bien des peines. Quelles difficultés pourraient peut-être rencontrer plus tard les enfants qui vont naître de cette union pour prouver leur légitimité ! On reconnaît généralement que la non transcription n'est pas une cause de nullité de mariage : aucun texte ne le dit, et d'ailleurs ce serait encourager les Français à délaisser les femmes qu'ils ont épousées à l'étranger. La Cour de cassation a même décidé, par arrêt du 29 novembre 1840, que le mariage non transcrit serait valable, non seulement quant au lieu, mais aussi relativement à des intérêts purement pécuniaires, tels que l'existence de l'hypothèque légale de la femme. L'art. 171 n'est qu'un article d'ordre au moyen duquel on peut contraindre l'officier de l'état civil français à transcrire sur ses registres l'acte de célébration qui lui est présenté.

CHAPITRE III

Des oppositions au mariage

L'opposition est l'acte par lequel certaines personnes, ayant qualité à cet effet, font, par ministère d'huissier, défense à un officier public de célébrer un mariage. Ce droit d'opposition est la sanction nécessaire des empêchements prohibitifs qu'on aurait presque toujours éludés sans cette voie de secours. Quant aux empêchements dirimants, leur violation eût amené sans doute la nullité du mariage ; mais mieux vaut *prévenir* que *punir*.

§ 1er. — *Par quelles personnes et pour quelles causes l'opposition peut être formée.*

Sous l'ancienne monarchie, toute personne pouvait, pour quelque cause que ce fût, s'opposer à un mariage : cette faculté absolue et sans limite devint, dans la pratique, un moyen de vexation. Le Code a fait cesser les abus : le droit d'opposition est limité sous deux rapports, et quant aux personnes et quant aux causes.

Les personnes auxquelles la loi confère le droit d'opposition, sont :

1° La personne engagée par mariage avec l'un des futurs époux ; un simple fiancé ne le pourrait pas ;

2° Les ascendants, sans distinguer si leurs enfants ou descendants ont plus ou moins de vingt-cinq ans ; mais le droit d'opposition ne leur appartient pas collectivement et concurremment : il ne peut être exercé par chacun d'eux que graduellement et dans l'ordre successif déterminé par la loi : ainsi, il appartient d'abord et exclusivement au père ; la mère ne l'exerce qu'à défaut du père, c'est-à-dire si celui-ci est mort ou dans l'impossibilité de manifester sa volonté.

« A défaut des père et mère, les aïeuls et aïeules, » ou plus exactement les aïeuls, et à défaut d'aïeuls les aïeules ; car le droit d'opposition n'appartient pas concurremment aux aïeuls et aïeules de la même ligne : l'aïeule n'y peut prétendre qu'à défaut de l'aïeul. Il n'en est pas de même à l'égard des aïeuls et aïeules des deux lignes paternelle et maternelle : le droit d'opposition leur appartient concurremment : si donc il existe un aïeul dans une ligne et une aïeule dans l'autre, l'opposition est formée aussi bien par l'aïeule que par l'aïeul.

Enfin, à défaut d'aïeuls et d'aïeules, le droit d'opposition passe aux bisaïeuls et bisaïeules ; ce n'est, en effet, qu'à défaut d'aucun ascendant que certains collatéraux en sont investis.

3° Certains collatéraux qui sont : le frère ou la sœur, l'oncle ou la tante, le cousin ou la cousine germains (art. 174) ; et encore ce droit ne leur appartient-il qu'autant qu'ils sont majeurs ; toutefois, chacun d'eux peut l'exercer individuellement et concurremment, mais seulement dans les deux cas suivants :

Premièrement, quand le futur époux est mineur et n'a pas obtenu du conseil de famille le consentement requis par l'art. 160 ; ce qui ne s'explique qu'en supposant une fraude de la part du mineur, lequel aurait présenté à l'officier de l'état civil, ou un faux acte de naissance faisant croire à sa majorité, ou un faux acte portant consentement du conseil de famille;

Deuxièmement, quand l'opposition est fondée sur l'état de démence, d'imbécillité ou de fureur du futur époux ; pourtant, si celui-ci demande la main-levée, l'opposant est tenu de provoquer l'interdiction et d'y faire statuer dans un délai fixé par le tribunal;

4° Le tuteur ou curateur, pendant la tutelle ou la curatelle, mais sous la condition d'obtenir à cet effet l'autorisation du conseil de famille, et dans les deux cas seulement où l'opposition est permise aux collatéraux, concurremment avec lesquels, du reste, ils exercent ce droit, mais toujours à défaut d'aucun ascendant.

Cette énumération est évidemment limitative, car ce n'est qu'afin de prévenir les abus dans l'exercice du droit d'opposition que le Code a jugé nécessaire de ne l'accorder qu'à certaines personnes. Le procureur impérial lui-même n'a pas ce droit, suivant M. Mourlon. Aucun texte, en effet, ne l'autorise à s'opposer d'office à un mariage; de plus, en règle générale, le ministère public ne peut agir d'office en matière civile que dans les cas spécifiés par la loi (art. 46 de la loi du 20 avril 1810); sans doute, ce même article ajoute que le procureur impérial poursuit d'office l'exécution des lois dans les dispositions qui intéressent l'ordre public et les bonnes mœurs; mais cette seconde disposition doit être combinée avec la première, et l'on ne peut pas croire que le législateur, après avoir déclaré qu'en matière civile le ministère public agit d'office dans les cas spécifiés par la loi, ait lui-même, et dans un même article, anéanti cette règle, en accordant au procureur impérial un pouvoir illimité.

Au surplus, toute personne peut avertir *officieusement*, soit le procureur impérial, soit l'officier de l'état civil, de l'existence d'un empêchement dirimant ou prohibitif; mais cet avertissement ne constitue pas une opposition : l'officier public est libre de ne pas s'y arrêter; cependant, s'il célébrait un mariage malgré la connaissance personnelle qu'il aurait d'un empêchement de cette nature, il serait constitué en état de mauvaise foi, s'exposerait à être condamné à des dommages-intérêts, et deviendrait même passible de peines sévères portées par la loi (articles 194 et 340, Code pénal). — Les oppositions formées par des personnes ayant droit, mais en dehors de cas prévus ou sans remplir les formalités nécessaires, sont regardées comme de simples oppositions officieuses.

§ 2. — *De la manière dont l'opposition doit être formée.*

L'acte d'opposition se fait par exploit d'huissier, signé sur l'original et la copie par l'opposant ou un fondé de procuration spéciale et authentique, signifiée en tête de l'exploit. Cet acte doit contenir, en outre, à peine de nullité et d'interdiction pour l'officier ministériel qui l'aurait signifié : 1° l'indication de la qualité qui donne à l'opposant le droit d'agir et la mention des motifs sur lesquels l'opposition est fondée, à moins qu'elle ne soit faite à la requête d'un ascendant; 2° une élection de domicile dans le lieu où le mariage devra être célébré, et, si chacun des deux futurs demeure dans une commune différente, dans la commune où l'époux au mariage duquel on fait opposition a, soit son domicile réel, soit une résidence de six mois.

L'acte d'opposition doit être signifié :

1° A la personne ou au domicile des parties, c'est-à-dire des futurs époux, même de celui contre lequel l'opposition n'est pas personnellement dirigée, afin qu'il puisse connaître les obstacles qui s'opposent à son projet de mariage;

2° A l'officier de l'état civil du lieu où le mariage sera célébré; si ce lieu est inconnu, à l'officier de l'état civil de chacune des communes où les parties ont un domicile quant au mariage. L'officier de l'état civil est tenu de mettre son visa sur l'original de l'exploit d'opposition : et cela pour prévenir un conflit d'affirmations contraires entre deux fonctionnaires publics, le maire et l'huissier : il doit, en outre, faire sans délai une mention sommaire de l'opposition sur le registre des publications.

§ 3. — *Des effets de l'opposition.*

L'opposition légalement formée a pour effet d'arrêter la célébration du mariage ; mais l'officier public n'a pas qualité pour juger si elle est bien ou mal fondée : il doit s'abstenir, sous peine d'une amende de 300 fr.

et de tous dommages-intérêts (art. 68); cependant, le mariage célébré malgré l'existence d'une opposition n'est pas annulable, s'il réunit d'ailleurs toutes les conditions nécessaires à sa validité ; ce n'est là, avons-nous vu, qu'un empêchement prohibitif.

§ 4. — *De la demande en main-levée de l'opposition.*

L'opposition tient les parties en échec tant que la main-levée n'a pas été obtenue : cette main-levée est consentie volontairement ou prononcée en justice.

La main-levée volontaire n'est autre chose que le désistement de l'opposant lui-même ; elle peut être donnée soit par acte authentique, soit par une notification adressée aux parties et à l'officier de l'état civil, dans les mêmes formes que l'opposition.

Si l'opposant persiste dans son opposition, le futur époux contre lequel elle a été dirigée doit, quand il veut passer outre, en demander la main-levée en justice ; lui seul, du reste, a ce droit. L'opposant sera assigné à cet effet soit devant le tribunal du domicile par lui élu dans l'acte d'opposition, cette élection de domicile étant attributive de juridiction, soit devant le tribunal de son propre domicile.

La demande est dispensée du préliminaire de la conciliation ; le tribunal, dit la loi, prononcera dans les dix jours sur la demande en main-levée d'opposition, c'est-à-dire qu'il devra, dans ce délai, statuer au moins *préparatoirement*, si la cause n'est pas encore susceptible d'une décision définitive. En cas d'appel du jugement de première instance, la Cour impériale devra statuer dans le même délai de dix jours ; mais le mariage ne pourrait pas être célébré avant l'arrêt de la Cour, l'appel étant suspensif d'exécution. Les parties auraient aussi la faculté de recourir au pourvoi en Cassation : ce pourvoi, néanmoins, ne suspend pas la célébration du mariage : l'officier de l'état civil qui y procéderait ne serait passible d'aucune peine.

L'opposant qui succombe est condamné aux dépens, à moins de parenté avec le futur, auquel cas les juges pourront compenser les frais.

Il *peut* aussi être condamné à des dommages-intérêts ; mais cette règle ne s'applique pas aux ascendants ; la loi suppose que c'est l'intérêt même de leur enfant qu'ils ont eu en vue et qui les a fait agir.

Une personne déboutée d'une opposition peut en former une seconde si la première n'a été annulée que pour vice de forme : il en serait autrement, si elle avait été rejetée comme mal fondée ou faite par une personne qui n'avait pas le droit de la faire.

QUESTIONS CONTROVERSÉES

JUS ROMANUM.

I. — Ad nuptias solus consensus non sufficit, et *deductio mulieris* necessaria est.

II. — Non opus est patrem triennio abesse, ut remittatur illius consensus necessitas.

DROIT FRANÇAIS.

CODE NAPOLÉON.

I. — Le père et la mère peuvent-ils par contrat de mariage renoncer au droit de jouissance légale de l'art. 384 ? — Non.

II. — Le mari peut-il, renonçant au jugement de séparation de corps qu'il a obtenu contre sa femme, la contraindre à venir cohabiter avec lui ?— Non.

III. — La faculté d'abandon consacrée par l'art. 656 ne s'applique-t-elle qu'aux murs de campagne ? — Oui.

IV. — Un testament nul comme testament mystique, vaut-il comme testament olographe s'il est écrit en entier, daté et signé de la main du testateur? — Oui.

V. — Les héritiers du donateur peuvent-ils opposer le défaut de transcription de la donation? — Non.

VI. — Quels sont les frais de dernière maladie, dont parle l'article 2101? — Ceux de la maladie dont le débiteur est mort.

VII. — Le copermutant évincé de l'immeuble qu'il a reçu en échange a-t-il, s'il conclut à des dommages-intérêts, privilége sur l'immeuble qu'il a donné en échange? — Oui.

CODE DE PROCÉDURE.

Les demandes qui intéressent les prodigues sont-elles dispensées du préliminaire de la conciliation? — Oui.

CODE DE COMMERCE.

Le tiré qui a accepté pour le tout une lettre de change, peut-il forcer le porteur à recevoir un paiement partiel? — Non.

DROIT ADMINISTRATIF.

A qui appartiennent les rivières non navigables ni flottables? — Ce sont des *res nullius*.

ANDRÉ VIAUD GRAND-MARAIS

Vu pour l'impression :

Le Doyen,

ED. BODIN

Rennes, imp. T. Hauvespre. — Maison à Paris.